UM ORGANISMO VIVO

CHAMADO TERRA

Watzeck, José Ruiz → Um organismo Vivo
Chamado Terra

Um estudo sobre a Geofísica do Planeta,

sistemas naturais de regeneração e

manutenção da vida

Palavras Chave: Terra, Clima, Fogo, Gelo,
Plânctons, Vida

Sumário

Prefácio

Fenômenos naturais e ocultos que devastam nosso planeta, agora, graças as mais sofisticadas tecnologias, permitem que possamos estuda-las de uma forma inédita, satélites esquadrinham todo o planeta e revelam uma enorme riqueza de detalhes. Jamais na historia da humanidade, tivemos um relato sobre este planeta, um organismo vivo e dinâmico com propriedades de alta relevância. Nesta obra, conheceremos como todo o planeta está interligado, como tudo está intimamente ligado, de um ponto ao outro do globo, através da tecnologia, faremos um mergulho nos oceanos e juntos, vamos entender o que o deserto Saariano interfere na Amazônia, o que as enormes plataformas de gelo na Antártida contribuem para manter um clima harmônico das temperaturas oceânicas, porque o fogo produzido naturalmente ajuda para a renovação dos mais diferentes tipos de vida na Terra, como e porque ocorrem às auroras polares, como realmente funciona o clina global, no que, as correntes marítimas interferem na distribuição de calor para os hemisférios. Vamos entender porque uma das camadas da Terra conhecida como Ionosfera, formada de Hidrogênio e Hélio atua como um condutor elétrico, distribuindo toda a carga dos relâmpagos pela atmosfera de todo o planeta. As reações químicas das nuvens, e o que as descargas elétricas têm a ver com a formação do Nitrato. Como esses satélites nos mostram a energia emitida pelo nossa estrela, à radiação ultravioleta, frações de prótons, elétrons e nêutrons descartadas pelo espaço, pulsos eletromagnéticos e a ejeção de massa coronal. Como a magnetosfera protege a Terra de fortes golpes solares.

A partir de agora, contaremos com a ajuda de um conjunto de satélites, para que possamos de maneira científica, entender como funciona nosso planeta. A cada segundo, estes equipamentos registram, medem e transmitem milhares de terabytes de dados, e apenas com estes dados, podemos pela primeira vez, fazermos uma analise digital do planeta Terra.

Para que possamos dar sequencia neste estudo, precisamos conhecer quais são estas ferramentas que estão orbitando a Terra, as quais caso não existissem, jamais seria possível o este estudo.

O primeiro satélites que nos ajuda a compreender o clima, é o **Terra** (**EOS SER-2**), um projeto de pesquisa multinacional da NASA. O Satélite está em órbita hélio-síncrona ao redor da Terra. Seu cunho principal é a Observação da Terra (EOS, do inglês *Earth Observing System*). O satélite foi lançado na Base Aérea de Vandenberg, em 18 de dezembro de 1999, abordo do Atlas

II, e começou a coletar dados em 24 de fevereiro de 2000 (EOS). O Terra leva uma carga de cinco sensores remotos, designados para o monitoramento do meio ambiente da Terrestre e as mudanças climáticas. Este satélite resultou em mais de 15 anos de analises e coletas de dados.

Os outros satélites são o **Aqua** (**EOS PM-1**), uma pesquisa multinacional de satélites em órbita da Terra, projetada pela NASA, com o objetivo de analisar a precipitação, evaporação e o ciclo da água. É o segundo componente principal Sistema de Observação do plante Terra (EOS em inglês) logo após o **Terra** (lançado em 1999). O Aqua foi lançado em 4 de maio de 2002, da Base da Força Aérea de Vandenberg, abordo de um Boeing acoplado a um Delta II. O satélite órbita hélio-síncrona. Orbita a 705 km de altitude liderando uma formação chamada "comboio" com diversos outros satélites (*Aura, CALIPSO, CloudSat* e *o francês PARASOL*). Este possui seis instrumentos para estudos da água na superfície e atmosfera terrestre.

Aura (**EOS CH-1**) é um projeto de pesquisa também multinacional da NASA. O Satélite está em órbita ao redor do planeta Terra, analisando a camada de ozônio, a qualidade do ar e o clima. É o terceiro principal componente do Sistema de Observação da Terra (EOS, do inglês Earth Observing System), sendo os dois primeiros: TERRA (lançado em 1999) e Aqua (lançado em 2002), respectivamente. O nome *"Aura"* vem da palavra latina para "ar". O satélite foi lançado na Base da Força Aérea de Vandenberg em 15 de Julho de 2004, abordo de um foguete Boeing Delta II 7920-10L. O Aura orbita com o chamado "A-Train", um conjunto de vários outros satélites levando quatro instrumentos para estudos da química atmosférica.

Temos também o **SDO (Solar Dynamics Observatory)**, uma sonda não tripulada da *NASA*, que estuda os processos do Sol que afetam diretamente a vida na Terra, e cujo lançamento ocorreu no Cabo Canaveral em 11 de fevereiro de 2010. Contendo quatro telescópios embutidos em sua estrutura, dois painéis solares e duas antenas de longo alcance. Entre seus principais instrumentos estão o *Extreme Ultraviolet Variability Experiment*, que medirá a irradiação de ultravioleta do astro em alta definição, o *Helioseismic and Magnetic Imager*, que estudará a variação e as características do interior solar, e os componentes da atividade magnética em sua superfície. Além disso, transporta o revolucionário *Atmospheric Imaging Assembly*, capaz de transmitir imagens de o disco solar inteiro, em faixas de **ultravioleta** e infravermelho, não alcançadas antes por suas predecessoras.

Capitulo 1- As Tempestades

Ano de 2005, mês de Agosto, cerca de 400 quilômetros da costa noroeste da África, em um arquipélago vulcânico, esta localizada a ilha de Cabo Verde, época mais quente do ano, em um período de a cada 72 horas, tempestades agitam as águas oceânica locais. Um conjunto de nuvens enormes começa a se formar, um evento vasto que afetará o mundo todo, somente com a ultima palavra em tecnologia espacial, foi possível entender tais fenômenos. Cerca de 700 quilômetros de altura, o satélite *Aqua* registra uma elevação na temperatura da água, com um sistema de varredura de infravermelho, aponta que o oceano atingiu a temperatura critica de 26ºC, com grandes áreas mais aquecidas, começa a se evaporar de maneira muito acelerada, este vapor absorve o calor do oceano transferindo imediatamente para o ar. Com grande capacidade, a água começa a transportar energia, que desencadeará em total destruição em outro ponto do globo. A especificidade deste satélite (*Aqua*) de rastrear o vapor d'água nos mostra apenas uma pequena escala especifica de uma interação entre o oceano, o ar e o sol, sem que nenhum ser humano possa enxergar olho nu. Cerca de 200 toneladas de água, são evaporadas por hora. Um processo que consome energia comparada a uma modesta central nuclear energética, 1000 metros acima, este vapor é condensado em formas de nuvens, liberando calor e intensificando a temperatura do ar em vários graus. À medida que o ar se aquece, começa a produção de poderosos ventos verticais, elevando estas nuvens a aproximadamente 15 quilômetros de altura, a mediada que a célula de tempestade cresce o efeito da rotação da Terra a força a girar. Essas gigantescas nuvens, se fundem em forma circular, neste momento, presenciamos o nascimento de um furacão. Com os dados enviados pelos satélites, podemos concluir que um furacão é uma imensa central elétrica produzida pela natureza. Sendo monitorado e acompanhado pela ISS, sigla em inglês para (International Space Station) e traduzida para o português (Estação Espacial Internacional), o furacão se desloca velozmente pelo Atlântico em direção ao Sudeste Norte Americano, em poucas horas entra pelo golfo do México, onde águas mais aquecida potencializam mais a tempestade. Neste instante, podemos dizer que as pessoas desta localidade, estão prestes a presenciar o poder do sol no oceano.

Neste momento, nasce um dos mais devastadores furacões na região, o *Furacão Katrina*, uma tempestade tropical que alcançou a ***categoria três*** da escala de furacões de *Saffir-Simpson* em terra firme e ***categoria cinco*** no oceano Atlântico, com rajadas superiores a 280 quilômetros por hora, com menor pressão de 902 mbar[1], deixou o número de 1.883 pessoas mortas e atingindo as áreas das Bahamas, Sul da Flórida, Nova Orleans, Alabama, Mississippi, Luisiana. Esta é a capacidade física da água de reter e liberar energia. Por mais devastador que tenha sido este fenômeno aos habitantes locais, o mundo deve suas vidas ao processo que produziu a tempestade, pelo simples motivos de quando o oceano atinge uma temperatura demasiadamente acima do normal, estas tempestades são sua válvula de escape, redistribuindo o calor ao redor do planeta e equilibrando o clima global. Este furacão em especifico ajudou a resfriar faixas extensas do Atlântico em mais de 4° C, reequilibrando o oceano. E este fenômeno é apenas um pequeno detalhe em um cenário extremamente

---

[1] O bar, com símbolo bar e plural bars, é uma unidade de pressão e equivale a exatamente 100 000 Pascal. Este valor de pressão é muito próximo ao da pressão atmosférica padrão, que é definido como 101 325 PA.

complexo e através dos satélites podemos afirmar que tudo se interliga de forma planetária, literalmente, são essas conexões ocultas que nos mantem vivos.

À medida que a Terra circunda seu eixo, diversos satélites registram e analisam inúmeros dados, como a temperatura, cargas elétricas, pressões e inclusive, o lento processo da deriva continental. Através da tecnologia, podemos entender por que partes do plante são férteis e outras completamente mortas.

São Paulo, mês de Junho, 22° C, os cidadãos iniciam mais um dia de trabalho, com ventos abaixo de 12 km, a pouco mais de 14.000 km deste ponto, na cidade de Délhi na Índia, os moradores sofrem com chuvas torrenciais, em poucos minutos, as ruas ficam inundadas e intransitáveis, neste mesmo instante, um incêndio florestal devasta o Norte da Austrália e na costa da China mais precisamente na cidade de Xangai, granizos castigam a região.

Antes da tecnologia, tais eventos pareciam não ter qualquer ligação entre si, quando na verdade, todos eles estão interligados. Com o cruzamento de dados de cinco satélites diferentes, revela uma camada do sistema, a atmosfera dinâmica que encapsula todo o mundo. Com todos esses dados, podemos observar como a atmosfera transporta a umidade ao longo do planeta, como o vapor é invisível, apenas com imagens de satélites podemos acompanhar este fenômeno. Quando aplicamos esses dados a um modelo com a forma da Terra, novas perspectivas são obtidas, todo clima global é conduzido apenas por um único processo, a região ao redor do equador recebe a maior incidência da energia solar, produzindo cerca de 65% de todo o vapor, que viajam sempre nos mesmos sentindo em direção aos polos, conduzidos por ventos dominantes e pela rotação planetária. No hemisfério Norte girando no sentido horário, grandes espirais de vapor se estendem por mais de 3.000 km, já no hemisfério Sul, giram no sentido anti-horário, a Terra está em busca de um equilíbrio que jamais alcançará. À medida que esses ventos carregados de vapor atingem as massas continentais do planeta, condições climáticas específicas são produzidas em cada local. Podemos citar como exemplo o final do mês de Julho no Oeste da Índia, o ar quente e úmido e empurrado para cima devido a uma camada de montanhas chamadas de *Catis,* gigantescas nuvens se elevam, o resultado deste fenômeno são as chuvas de *monções,* trilhões de toneladas d'agua caem do céu, transformando a região seca em planícies férteis, na China, graças a estas chuvas, milhares de arrozais são beneficiados, levando alimento a mais de 3.6 bilhões de pessoas, praticamente a metade da população mundial. De contra partida, do outro lado do globo, os ventos precisam atravessar a imensa Cordilheira dos Andes para chegar à parte central do Chile. A altitude elimina a umidade do ar originando uma das regiões mais secas do mundo, o Deserto do Atacama, com ponto que jamais foi registrada a ocorrência de chuvas. O vapor é uma das principais forças de manutenção do mundo, mais ele é apenas um de um sistema muito mais complexo.

As temperaturas gélidas nos polos e escaldantes no equador tem uma variação em mais de 72º C, graças às essas variações, são conduzidos todo o ar e toda a água ao redor do planeta, criando mecanismos invisíveis e inesperados para a manutenção da vida na Terra.

Para entendermos o próximo componente e analisarmos de uma outra extraordinária perspectiva, precisamos ir ao Sul do planeta, próxima à região Antártica, onde a plaga sofre a influência de um imenso redemoinho com proporções continentais, um dos mais relevantes exemplos ocorre nas águas a 60º Sul, são os vendavais da latitude sessenta, os mares mais agitados e agressivos da Terra, onde ventos persistentes e tempestades açoitam o oceano Antártico com uma fúria incessante, e agitando mais de 130 milhões de toneladas de água por segundo, todo esse processo é impulsionado pelo movimento do calor que viaja do equador em direção aos polos.

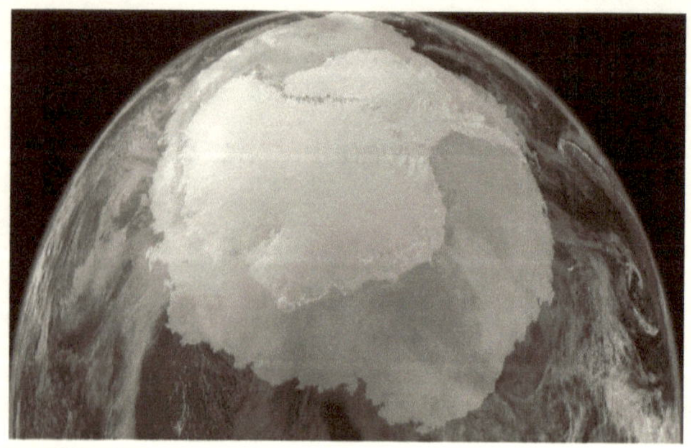

Continente Antártico (Imagem NASA, Satélite Aqua)

Capitulo 2- Antártida

Antes de darmos sequência ao nosso estudo, é imprescindível que saibamos as diferenças entre o continente Ártico e o continente Antártico, analisemos a imagem abaixo...

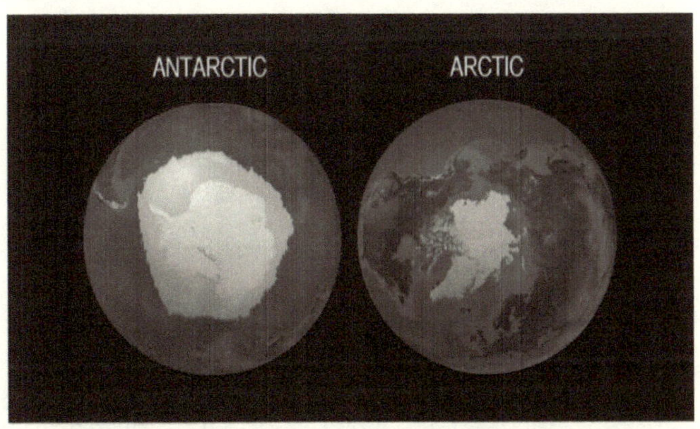

Fonte: Goddard Space Flight Center da NASA

Algumas peculiaridades entre os dois continentes são; o *Ártico* não possui massa de terra, trata-se de uma massa continental de gelo que flutua sobre o oceano, está integrado com oito ilhas ao seu redor, são elas;

Groelândia, Ilha de Ellesmere, Ilha Vitória, Ilha de Bank, Ilha de Wrangel, Ilhas Sévernaya Zemlyá, Terra de Francisco José, Spitsbergen. Nesta região onde podemos encontrar os majestosos Icebergs e os famosos Glaciares. A população que vive no continente ao norte é bem variada, formada por povos que se fixaram no Estreito de Bering e na Groenlândia. São aproximadamente 135 mil pessoas vivendo nesta região. A Fauna mais característica do Ártico são os ursos polares, que vem ano após ano, diminuindo seu contingente devido às mudanças climáticas e a falta de comida. O clima no Ártico tem grandes variações ao longo do ano. Localizado ao extremo norte do planeta e devido à inclinação do eixo da Terra, alguns pontos permanecem mergulhados na obscuridade durante o inverno. Mesmo no verão, a luz solar que chega à região é baixa, desta forma, a energia solar é pouca tendo boa parte desta refletida de volta para o espaço, pela coloração do gelo. Ao longo de todo o ano, o Ártico irradia mais calor do que recebe, e a maior parte do seu calor vem dos trópicos através da circulação atmosférica e marítima. A Escandinávia é a região Ártica mais quente, devido à influência da Corrente do Golfo.

Os invernos são longos e frios, e os verões, breves e frescos, mas há importantes diferenças regionais. A umidade atmosférica geralmente é baixa e a precipitação é escassa, algumas áreas recebem menos de 50 milímetros de chuvas ano. No verão a chuva não tende a evaporar rapidamente devido às baixas temperaturas e o solo congelado (*permafrost*), impede sua absorção, criando largas áreas de pântano. O degelo da neve de inverno também contribui para isso, e são frequentes as inundações em grandes proporções. A acumulação de neve no inverno é muito variável e depende principalmente da geografia, da umidade atmosférica e da intensidade dos ventos. Os ventos fortes muitas vezes levantam a neve já caída, desnudando o solo. Em outras áreas, mais protegidas, os acúmulos podem chegar a mais de um metro por ano. Nas áreas mais frias o gelo nunca derrete totalmente, e os acúmulos anuais somam-se uns aos outros. A temperatura no inverno chega a atingir 40 °C negativos, a temperatura mais baixa registrada foi de aproximadamente -68 °C negativos em Verkhoyansk, Rússia.

O Ártico tem sido afetado pelas mudanças climáticas, levando à retração da calota congelada sobre o Oceano Ártico, e à liberação de metano do solo (*permafrost*) derretido. Em setembro de 2007 foi registado, pelo satélite da *ESA* (Agencia Espacial Europeia), o *ENVISAT*, o maior degelo do Oceano Ártico. De uns anos pra cá, se tem verificado um derretimento galopante na zona Ártica, cerca de metade do manto de gelo da Groelândia derrete no verão em sua camada superficial, mas no ano de 2012, 97% da área do manto mostrou graus de derretimentos que atingiu partes mais altas e frias, Um fenômeno que aumenta os riscos de uma catástrofe ambiental e aumentando a velocidade de deslocamento dos glaciares rumo ao mar, tendo como consequência imediata, a elevação do nível do oceano e um aumento drástico da temperatura do Ártico.

No continente *Antártico* seus mares severos guardam um segredo surpreendente e que afeta todo o mundo. Com uma extensão de 14.000.000 km², no inverno permanecendo numa escuridão total cerca de seis meses ao ano, suas temperaturas chegam a atingir a média de (-93,2 °C) negativos, no verão, suas médias são -10 °C na região costeira e no interior é de -40 °C, um lugar completamente hostil, onde tem sua maior parte desabitada e inexplorada. Muitos autores classificam este lugar com "Deserto Polar" devido ao seu baixíssimo índice pluviométrico, ventos de 100km/h são comuns na Antártida e com duração de semanas, havendo registros de vendavais acima de 320km/h. Sua fauna resume-se aos pinguins (*Spheniscidae*) nome científico, sua flora tem grande dificuldade para o desenvolvimento de vegetais devidos aos fortes ventos, a baixa espessura do solo e a limitada quantidade de luz solar durante o inverno. Por este motivo, a variedade de espécies na superfície é limitada a plantas "inferiores", como os musgos e hepáticas. Além disso, há uma comunidade autotrófica, formada por protistas. A flora continental consiste em líquens, briófitas, algas e fungos. O crescimento e a reprodução ocorrem geralmente no verão. Há cerca de 230 espécies de líquens e aproximadamente 54 espécies de briófitas. No continente existem 712 espécies de algas, a maioria das qual forma o fito plâncton. Diatomáceas e algas da neve, algas microscópicas que crescem na neve e no gelo dando-lhes coloração, são abundantes nas regiões costeiras durante o verão.

Atualmente existem cientistas de diversos países estudando o continente, para uma compreensão maior da importância global deste gélido local. Com esses dados coletados e com a ajuda dos satélites, chegaram à conclusão que um conjunto de particularidades faz com que a região seja a mais fria do planeta, e com estes resultados, podemos concluir que este continente faz a manutenção de todas as formas de vida na Terra, incluindo as abundantes florestas que estão a milhares de quilômetros de distancia. Com a junção de fragmentos de dados obtidos por 17 satélites diferentes, fora observado um poderoso sistema climático que circunda todo este continente. Um enorme redemoinho conduzido pela rotação da Terra, e à medida que o ar quente e úmido migra para o Sul do planeta, potencializa e formando um gigantesco sistema invisível chamado de *Jato Polar*. O vento implacável conduz a água do mar a baixo, e pelo oceano Antártico passa o único paralelo no mundo que não possui terra, e como resultado, uma imensa corrente circular gira incessantemente, esta é a mais forte corrente oceânica do planeta, criando os famosos vendavais da latitude 60° que se intensificam com a combinação do vapor d'água, os ventos e o formato da Terra. O *Jato Polar* é tão poderoso que isola a Antártida do resto do mundo, evitando que o calor e a umidade cheguem a seu interior, dando origem a região mais seca e ventosa do globo. Aqui as nevascas não são causadas pelas precipitações que veem do céu e sim pelos ventos que erguem o gelo do solo, este ar denso e congelante é um resultado dos Jatos Polares que é capaz de resfriar o continente todo. No inverno, as condições ainda mais severas, desencadeiam um processo essencial para a vida que ocorre sob o gelo. Este processo, longe e invisível aos olhos de qualquer ser humano, algo extraordinário acontece, surtindo efeito em todo o mundo, a cada inverno na Antártida, são formadas 25 mil giga toneladas de banquisas atingindo uma área maior que a Austrália. Com os dados colocados em um modelo, podemos analisar a perda e o ganho de massa continental num período de dois anos, esta é a principal mudança sazonal da Terra, produzindo efeitos profundos na vida ao redor de todo o planeta. Todo este processo ocorre, graças às características físicas da água salgada. Em uma remota área da costa chamada *Mar de Weddell,* uma série de políneas é formada, são extensas áreas da água do mar rodeadas de gelo, com os ventos catabáticos resfriando a água do mar a temperaturas abaixo de zero. Quando a temperatura na camada superior do oceano atinge -1,5°C, uma perigosa fronteira é cruzada. Agora todo esse comando é assumido por outra peculiaridade da água salgada, na superfície o mar começa a congelar, microscópios cristais começam a crescer e se entrelaçar, para congelar totalmente, a água precisa se livrar do sal, a água que permanece liquida se torna mais salgada, formando uma salmoura que vai pingando por entre os tubos cumpridos e extensos criados pelo gelo recém-formado. Esta salmoura é mais densa que a água salgada comum e vai ocupando os espaços mais profundos do oceano, essa água mais densa, leva consigo o oxigênio presente no ar da superfície levando para as profundezas.

A formação de gelo se torna mais rápida e mais intensa e em pouco tempo grandes blocos de gelo liso começam a flutuar na superfície formando uma massa rígida, dentro de apenas sete dias o microscópio processo já pode ser analisados pelos satélites, com seus sensores e submarinos presentes para este estudo, nos revelando uma transformação extraordinária trazendo uma consequência embora milenar nunca pode antes ser estudada. A cada segundo, 1,5 milhões de metros cúbicos de água densa e salgada descem para o fundo do mar, em uma incontrolável corrente vertical, essa água quando atinge o fundo do mar, se espalha por centenas de quilômetros, formando uma cascata pela plataforma continental, surge uma imensa cachoeira submarina jamais vista por um ser humano, com torrentes equivalentes a 500 vezes as cataratas do Niágara. A salmoura fria, densa e oxigenada, corre lenta e silenciosamente para o abismo oceânico, esta água, levará cerca de mil anos para retornar a superfície novamente.

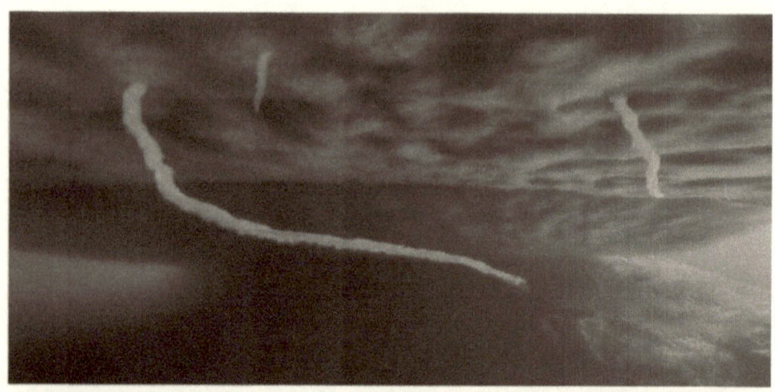

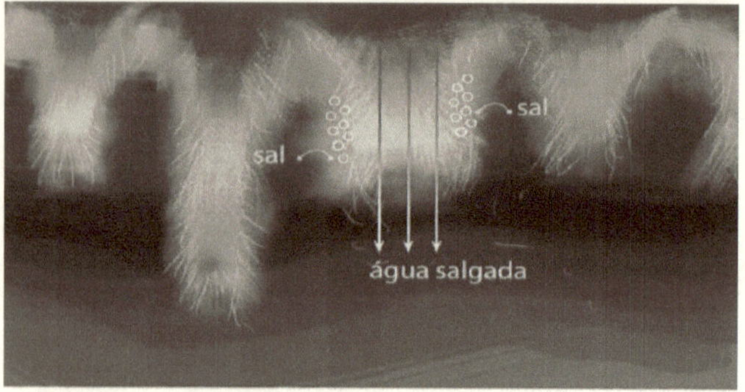

Imagens: Foto Reprodução

Com uma combinação de dado dentro de um modelo matemático, nos mostra o escoamento desta água de volta ao equador, migrando para o norte do planeta fazendo com que os oceanos se tornem mais frios e agitados, este sistema regula a temperatura média em 0,5º C. Esta estabilidade possibilita que a vida floresça protegendo-a das alterações drásticas no clima do planeta. Quando as águas mais profundas finalmente retornam a superfície, juntam-se as correntes mais quentes e velozes, tornando-se, mais dinâmicas. Através das analises, o oceano se mostra como uma única massa em um incessante turbilhão, as temperaturas destas correntes superficiais, variam conforme a energia recebida pelo sol e com essas variações são determinadas as quantidades de vapor que serão liberadas no ar além de ocasionarem, mudanças sazonais tanto nos continentes quanto nos oceanos. No outono, à medida que as correntes do golfo se tornam mais frias, as árvores Bordos modificam sua coloração para um tom mais vermelho e começam a perder suas folhas, seis meses depois, do outro lado do mundo, a corrente de *Kuroshio* começa a se tornar mais quente permitindo o florescimento das cerejeiras por todo o Japão. Processos similares ocorrem ao redor de todo o globo, determinando ciclos sazonais de quase todas as formas de vida da Terra.

Através das analises computacionais, podemos concluir que o oceano e a atmosfera estão intimamente conectados, um sistema contínuo unido por mais de doze trilhões de toneladas de água que flutuam por todo o ar initerruptamente.

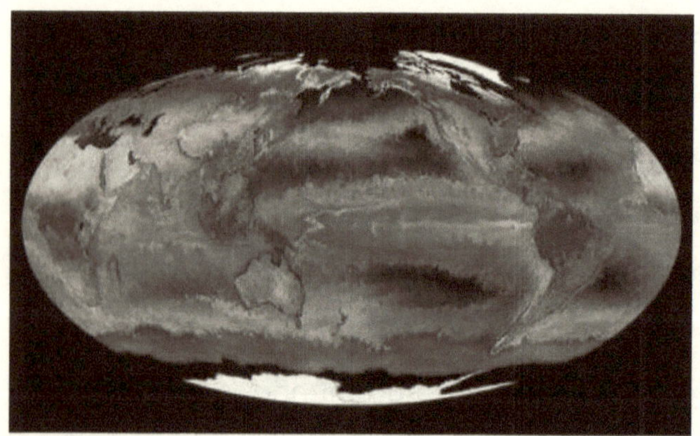

Em verde, representação do vapor d'água em torno do planeta.

Cada tempestade, cada pequena gota d' água, é parte desta complexa engrenagem que impulsiona todas as atividades que formam o nosso mundo, entretanto, ainda há muito mais neste mecanismo planetário do que se imagina. Ao enfrentar um dos sistemas mais violentos da Terra, a gélida salmoura da Antártida é submetida a mais uma transformação. No ponto de encontro entre o fogo e a água, algo fascinante ocorre, um processo que sustenta quase toda a vida no mundo.

Á oeste do Peru, o mar é arrebatado por um *frenesi* alimentar... Plânctons servem de banquete para milhões de sardinhas e anchovas, a cada anão, milhares de peixes predatórios e aves marinhas migram para a região para se alimentarem destes cardumes, é um dos maiores volumes de vida marinha existentes no planeta, também tornando-se uma área extremamente atrativa para a pesca, mas isso é muito mais que um local rico para a atividade pesqueira, é principalmente, um dos melhores exemplos de como dois dos sistemas da Terra são capazes de interagir um prol da vida.

O primeiro deste sistema é o ciclo da água, o outro, é encontrado no interior quente e borbulhante do planeta. Daqui, são originadas quase todas as outras substancias necessárias para a constituição da vida, o mundo não é uma esfera solida formada apenas de rochas, mas um círculo escaldante de liquido fundido com uma crosta fria do lado de fora. A superfície da Terra é como um revestimento de um pingo de chuva, instável por natureza.

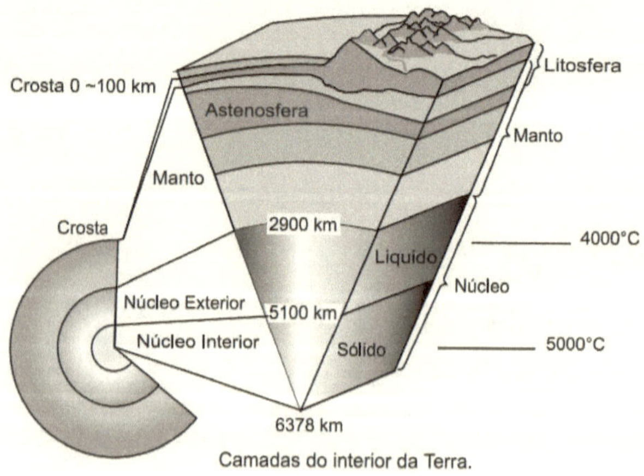

Camadas do interior da Terra.

Março de 2011, um terremoto com magnitude nove na escala *Richter* atinge a cidade de Sendai, capital da província Miyagi no Japão, o sismo foi tão forte, que arremessou partes do país 2,5 metros em direção a América do Norte. Simultaneamente, um vulcão entra em erupção, uma enorme nuvem de cinzas piroclástica sobe em direção à estratosfera. Esses violentos eventos, são apenas desordens locais, causadas pelas correntes antigas e vagarosas de rochas fundidas que circulam todo o tempo no interior do planeta, abastecidas pelo enfraquecimento de radiação no centro da Terra. A substancia que vaza pela crosta, fornece elementos básicos necessários para a vida, dois sistemas, um de fogo outro de água, que interagem em diversos locais e o encontro mais importante disso tudo ocorre no fundo do mar.

Capitulo 3- Plânctons e Fitoplânctons

Nas profundezas do oceano Atlântico, á 2.500 metros da superfície, se esconde uma cadeia de vulcões submarinos, aqui, tudo é invadido pela lava e pelos gases superaquecidos, o fim de uma jornada de 25 milhões de anos a partir do longínquo centro da Terra. Neste local, acidífero e tóxico cuja pressão é centenas de vezes mais elevadas que na superfície, ocorre à química básica da vida, gases que normalmente evaporariam, reagem vigorosamente com as águas densas e ricas em oxigênio oriundas do mar da Antártida, os minerais quentes que percorreram o interior do planeta por milhões de anos se dissolvem na água do mar. Neste momento, há uma reação com o oxigênio, transformando-se em ricos nutrientes.

As águas oceânicas agora repletas de minerais vindas do interior da Terra emergem das fontes hidrotermais, os seres vivos lutam para poder utilizar essas águas, as bactérias são as primeiras a colonizar essas aberturas. São condições muito férteis para o desenvolvimento destes minúsculos organismos. Em seguida, criaturas mais complexas começam a se alimentar destes micro-organismos e eles por sua vez, se alimentam de si mesmo, a abundancia é tamanha, que uma enorme quantidade sobra deste processo, então as correntes oceânica se encarregam de transportar o excedente ao redor do mundo até que finalmente atingem a superfície do mar. Outras correntes erodem as massas continentais do planeta e extraem minerais diretamente das rochas.

Retornando aos famosos pesqueiros da região do Peru, correntes oceânicas profundas são impulsionadas para cima à medida que se aproximam das massas continentais Sul Americanas, trazendo consigo, um abundancia de nutrientes. Fitoplânctons, organismos vegetais microscópicos que consomem vorazmente a luz solar e a água rica, o dióxido de carbono é dissolvido no ar, provendo essas criaturas unicelulares tudo que precisam para crescer e se reproduzir. Neste momento, eles se multiplicam exponencialmente chegando a bilhões de unidades podendo ser captados pelos sensores dos satélites.

Em apenas 24 horas, 500 quilómetros quadrados de oceano azul transformam-se em verde, o crescimento dos fitoplânctons desencadeiam um dos maiores frenesi alimentares do planeta. O surgimento similar de nutrientes ao redor do mundo proporciona a eflorescência de mais plânctons, esses podendo ser visto através da mais alta tecnologia, criam enormes faixas verdes no globo chegando até um quinto dos oceanos.

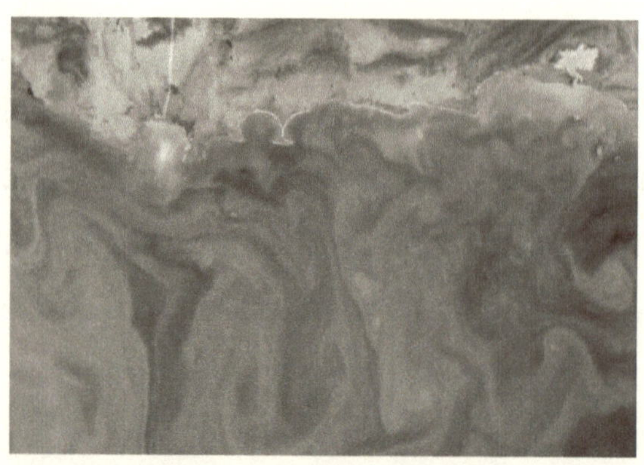

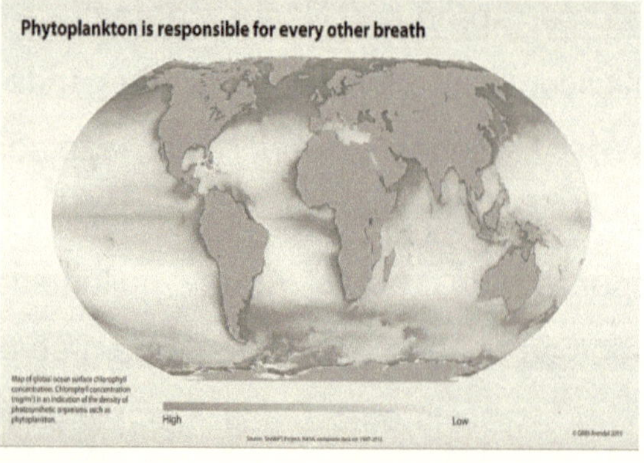

O plâncton é a base de toda cadeia alimentar, capaz de transportar os minerais da Terra diretamente para todas as criaturas marinhas, esses minerais que outrora circularam pelo interior do planeta por milhões de anos, agora são instrumentos essenciais para este equilíbrio oceânico. Nas próximas 24 horas, os plânctons que não serviram como alimentos, submergem novamente, levando consigo para as profundezas o carbono e os minerais ingeridos durante o trajeto, permanecendo no assoalho oceânico por milhares de anos, formando uma camada espessa de minúsculas carcaças de até um quilometro de espessura, futuramente, grande parte destes vão emergir novamente em uma segunda etapa, fornecendo as substâncias químicas necessárias para continuidade da vida na Terra.

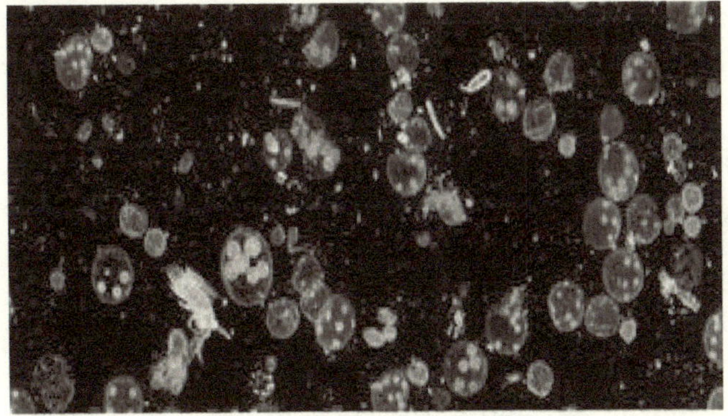

Imagem dos Plânctons

Este processo desempenha um papel fundamental na formação dos alimentos que consumimos e do ar que respiramos, além disso, ele abastece o mais rico ecossistema da superfície do nosso planeta, a floresta Amazônica. Para entendermos como todo este processo funciona, teremos de ir até um dos lugares mais seco e cheio de poeira da Terra, o violento deserto do Saara.

Os sistemas da Terra operam de maneiras diferentes, alguns como o clima são mais dinâmicos, outros como os do núcleo da Terra levam alguns milênios para completar um único ciclo. Com a mais avançada tecnologia, conseguimos entender como o lento e o rápido caminham lado a lado gerando resultados extraordinários.

O deserto do Saara no continente Africano é um território seco, mas que um dia foi verde e exuberante, mesmo nos dias atuais, ele desempenha um papel fundamental no ciclo de vida da Terra. No mês de Maio, auge da estação mais seca, viajantes percorrem em seus camelos uma das regiões mais perigosas do Saara, a *Depressão Bodéle,* um antigo mar que secou á cinco mil anos. O solo denominado *Diatomito* é obtido a partir de detritos muito antigos de plânctons, rico em compostos de ferro e fósforo dois elementos essenciais para todos os organismos vivos. O fato mais curioso, é que esses mesmos grãos de areia irão em apenas seis dias reavivar uma floresta tropical á oito mil quilómetros de distância. Para darmos inicio a este processo de renascimento, é necessário que apenas um floco de *diatomito* seja suspenso no ar. O floco é fraturado em um pó extremamente fino e carregado pelos ventos, rapidamente, o ar é preenchido por mais e mais flocos microscópicos, através dos dados fornecidos pelo satélite *MeteoSat,* revelam uma movimentação diária de poeira, aparentando uma gigantesca nuvem que emerge diretamente do deserto. A poeira sobe todos os dias com uma precisão impressionante exatamente ao meio dia, o que se deu inicio como um processo microscópico em pouco tempo se tornou uma grande tempestade de areia. Com uma altura de um prédio de cem andares e centenas de quilómetros de largura, a nuvem de antigos plânctons agora sopra por toda a África, na costa oeste a poeira é conduzida para cima pelos ventos dominantes dando o inicio de uma épica viagem pelo o oceano Atlântico, os satélites nos revelam que cinquenta e quatro mil toneladas de poeira são transportadas por dia percorrendo oito mil quilómetros até seu destino final, a Amazônia. É aqui, acima da floresta tropical úmida que os plânctons renascem de maneira espetacular, os minerais presentes no pó são dissolvidos em gotículas de água, sendo conduzidos pela chuva até o núcleo da floresta. Durante a temporada de chuvas na região, a precipitação incessante espalha por sobre a selva um total de quarenta milhões de toneladas de poeira africana, o que outrora eram plânctons agora instalam-se sobre o solo e as raízes das árvores revitalizando a floresta, o processo de fertilização da Amazônia pela poeira Saariana permaneceu desconhecido pela humanidade até o advento do satélite Terra, com instrumentos extremamente sensíveis capazes não apenas de observar a migração de poeira da África até a Amazônia mas também medir o *dossel florestal* através do espaço, também é possível fazer um estudo com o fim da temporada chuvosa na região e acompanhar o retorno do sol, pela primeira vez depois de seis meses, o sol brilha diretamente sobre a floresta. O resultado é uma explosão de crescimento, para cada folha existem mais três surgiram num período de dez dias, uma onda verde atravessa o continente, a migração de poeira da *Depressão Bodéle* até a Amazônia é somente um dos milhares de processos similares de distribuição de minerais essenciais aos ecossistemas vivos ao redor do mundo, os desertos, as montanhas e os sedimentos antigos, cada elemento tem sua própria composição penetrando na cadeia vital das mais variadas formas. Cada porção de sola ao redor do planeta dependem destes processos, as grandes planícies da América do Norte, perfeitas para a produção de milho e trigo são formadas a partir de depósitos glaciais, o delta do rio Ganges em Bangladesh é rico em ferro que erode do Himalaia sendo um dos ingredientes fundamentais para o cultivo do arroz, outro minerais são transportados para todo o planeta pelo ar, pela água e pelo gelo, como consequência deste processo, as plantas se tornam capazes de reconfigurar radicalmente nosso mundo.

As plantas não são apenas um produto da Terra, elas configuram uma poderosa força, capaz de transformar o planeta á milhões de anos, elas são as responsáveis pelas alterações na atmosfera e na definição dos seres humanos, moldando muitos aspectos dos nossos corpos e de nossas mentes.

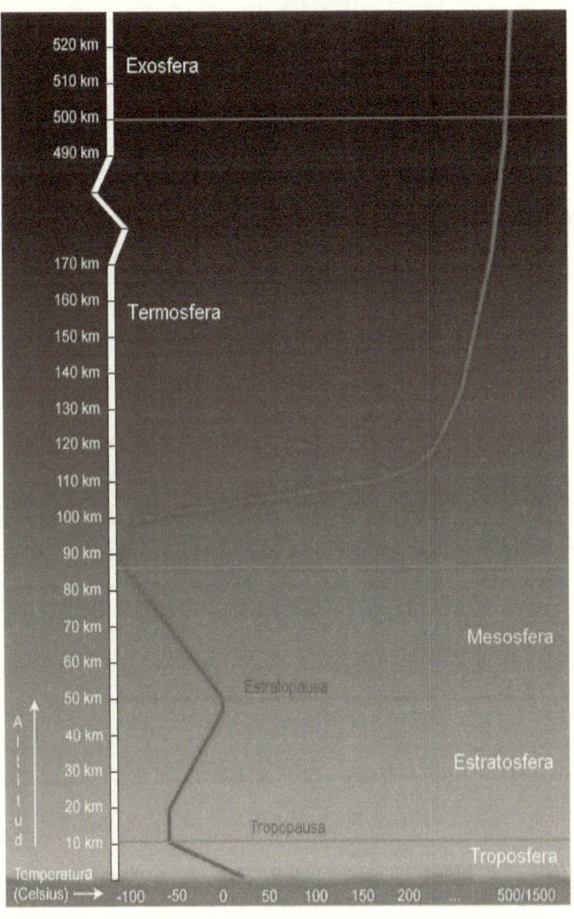

Capitulo 4- A Floresta Amazônica

Outro extraordinário processo do planeta visto através dos satélites, a partir das analises feitas por computadores, mostrando um movimento diário de partículas invisíveis de oxigênio e dióxido de carbono no ar, contudo, essas substâncias essenciais para a vida não são frutos de um processo geológico e sim de trilhões de minúsculas respirações. Para compreender este sistema, será necessário retornarmos a Amazônia, esta floresta tropical úmida existente a cerca de cinquenta e cinco milhões de anos de idade, é um dos mais antigos ecossistemas vivos da Terra, sua biodiversidade é tão singular que nela se abrigam mais da metade das formas vivas do planeta. Com uma abrangência de seis milhões e meio de quilómetros quadrados de puro verde. Assim como a Antártida e o deserto do Saara este antigo ecossistema desempenha um papel essencial para o ritmo de vida de todo o planeta. Aqui o processo se inicia nos pequenos orifícios presentes nas partes inferiores das trilhões de folhas existentes na floresta.

Durante o dia, as folhas absorvem o dióxido de carbono presente no ar, convertendo-o em açúcar e liberando o gás volátil que chamamos de oxigênio.

Processo de Evapotranspiração

Ao longo de toda sua vida, uma única árvore é capaz de liberar milhões de metros cúbicos deste precioso gás, a Amazônia processa diariamente, um quinto de todo o oxigênio do mundo.

Durante décadas, ela foi considerada o pulmão do mundo, agora, com toda a tecnologia de computadores e satélites, começa a ficar claro que nada dos sistemas planetários terrestres é simples. Pelas analises do satélite *Terra*, foi possível comprovar que a maior parte do oxigênio produzido durante o dia é reabsorvido pela própria floresta durante a noite, é necessário mais um passo para que o excesso de oxigênio seja liberado.

A cada 24 horas, dois milhões de toneladas de sedimentos são carregados da floresta em direção ao vasto rio Amazonas, esses sedimentos, viajam por seis mil quilómetros em direção ao leste chegando ao Delta do

Amazonas, aqui os plânctons presentes na água absorvem os sedimentos, com mais luz solar e mais dióxido de carbono presente no ar, a população de plânctons explode novamente. A quantidade de oxigênio liberada pelos plânctons é de um volume gigantesco, que pode ser observado do espaço pelos nossos satélites. Metade de todo oxigênio presente na atmosfera é proveniente dos plânctons, são essas pequeninas criaturas os verdadeiros pulmões da Terra.

Os plânctons mantem a atmosfera em um perfeito equilíbrio e este processo possibilita o elo seguinte na cadeia vital.

Uma atmosfera rica em oxigênio volátil possibilita a existência de criaturas mais dinâmicas e complexas, capazes de se movimentar rapidamente usando caudas, asas, braços e pernas. Em uma realidade, o equilíbrio dos gases no ar não apenas define o tamanho dos nossos corpos, mas também determina quase tudo que somos. Contudo, o oxigênio também possui um lado negativo, sua extrema volatilidade é capaz de provocar reações violentas e incontroláveis e a mais implacável delas é o fogo, este pequeno detalha só nos mostra uma pequena peça do complexo sistema que é o planeta Terra.

Capitulo 5- O Fogo

Outubro de 2013, um imenso fogo castiga o Canadá, mais precisamente no território de Yukon, uma área com uma geografia peculiar, uma região montanhosa, selvagem e pouco povoada, o Parque e Reserva Nacional Kluane abriga o monte Logan, o pico mais alto do país, além de geleiras, trilhas e o rio Alsek. Em menos de uma semana, as chamas devastam vinte e cinco mil quilómetros de florestas, simultaneamente na Sibéria, outro incêndio destrói quatro mil hectares de florestas. Tudo isso é uma pequena amostra do poder singular do fogo ao redor do mundo.

Todos os dias, a Terra é devastada por enormes incêndios, analisado por nossos modelos como grandes pontos vermelhos. O fogo é mais um dos mais extraordinários sistemas da Terra e desempenha um papel essencial para o ciclo de vida no planeta.

Floresta Boreal, norte do Canadá é possível velo em ação, esta abundante floresta de Abetos guarda uma relação muito especial com o fogo, aqui o frio extremo mata e entorpece grande parte das árvores, aprisionados nestes troncos, encontram-se os componentes necessários para o surgimento de novas formas de vida, entretanto, sob estas condições, este processo levaria centenas de anos, mas na presença do fogo, poderia desencadeia-lo em questão de horas.

Floresta de Abetos (Canadá)

A maioria dos incêndios naturais tem inicio a partir de descargas elétricas aleatórias oriundas do céu, os Abetos, são um combustível perfeito para o fogo, sua combustão é fácil e rápida que uma pequena faísca é capaz de fazê-los romper em chamas. Desta forma, o oxigênio volátil desfere seu golpe letal, o oxigênio quente liga-se aos átomos de carbono presentes na madeira das árvores gerando mais calor tornando mais rápida a ligação de oxigênio com novos átomos de carbono e gerando muito mais calor fazendo com que as chamas se intensifiquem. À medida que o fogo devasta tudo ao seu redor, é liberada a energia solar que se encontrava armazenadas no interior das plantas, essa é a dinâmica do fogo.

Observar uma chama acesa é testemunhar o poder do sol ao se libertar da vida que o aprisionou por muito tempo, em questão de horas, o que se inicio com uma pequena faísca leva centenas de hectares de floresta á chamas. A matéria orgânica armazenada por estas árvores durante centenas de anos se transformam rapidamente em cinzas, estas chamas eliminam da floresta os organismos mortos e doentes reciclando-os e restituindo ao solo seus minerais.

Ao observamos o fogo deste prisma, ele nada mais é do que a parte de um renascimento e regeneração. O fogo existe desde a evolução das plantas, ao mesmo tempo em que começaram a produzir oxigênio, elas possibilitaram a produção das substâncias necessárias a combustão, além de tornarem possível a existência do fogo, muitas plantas também dependem dele, os Abetos, por exemplo, evoluíram de modo a desprender suas sementes no meio das cinzas que se acumulam no solo a posteriori de um incêndio.

Através dos satélites na orbita da Terra, é possível visualizar os efeitos dos incêndios ao redor do mundo, após cada um destes, o que se segue é a tendência de um novo crescimento da vida, preservando a saúde e promove a regeneração de diversos ecossistemas do mundo, evitando de forma única sua estagnação.

Os satélites nos revelam como o fogo, o clima, a água e o gelo se associam em prol da manutenção do ciclo vital, tudo está interligado em um sistema milenar e completo, mas isso é apenas o inicio das descobertas feitas através das novas tecnologias. Com isso, somos capazes de analisarmos, explorarmos e identificarmos qualquer reação externa o que nos mostra com convicção, que nenhum elemento pode exercer maior influência no planeta que o sol.

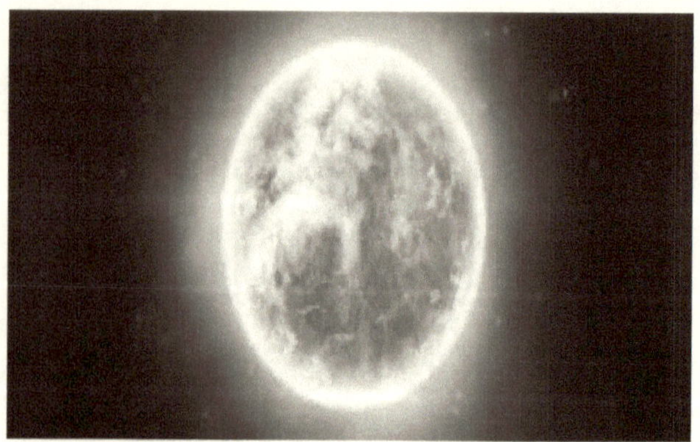

Capitulo 6- O Sol

Durante as 24 horas que a Terra leva para realizar seu movimento de rotação, ela reage às forças extraordinárias do sol, a cada dia, 170 milhões de (GW) *gigawatts* que corresponde sete mil vezes mais a energia consumida pela humanidade, são despejadas na superfície do planeta, desencadeando uma onda incessante de atividade.

Ao amanhecer plantas e plânctons iniciam o processo da fotossíntese, utilizando a luz solar eles produzem açúcares e amidos que são a base da cadeia alimentar e a principal fonte de energia de quase todos os seres vivos.

A luz solar comanda os ventos e o clima ao redor do globo, pela noite, quando o ar se resfria muitas chuvas são desencadeadas. Nós também fazemos parte deste ciclo circadiano e respondemos ao fluxo de energia que provem diariamente do sol. Para produzirmos vitaminas na pele, as células do nosso corpo necessitam da luz solar, até mesmo as rotas de voos revelam estreita relação com o sol, durante as manhãs, as aeronaves viajam em direção ao oeste para que o dia se estenda e em voos noturnos, viajam para leste, com o propósito de encurtar a noite.

A ironia, entretanto, é que a ameaça a este harmônico sistema, vem do mesmo lugar que permitiu sua existência, a energia emitida pelo sol.

Com base nas analises do satélite *SDO,* um registro infravermelho da radiação liberada pela nossa estrela, são minuciosamente estudados. Partículas carregadas, frações de prótons, elétrons e nêutrons são descartadas o tempo todo juntamente com enormes pulsos de radiação eletromagnética.

Esporadicamente, o sol descarta ejeção de massa coronal, com um supercomputador, foi possível acompanhar as imagens de uma imensa nuvem de plasma com milhões de quilómetros de extensão em direção a Terra.

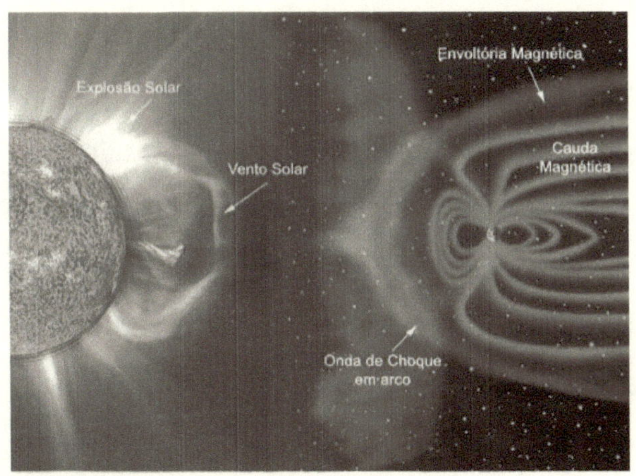

Se por um instante, essas partículas solares fossem capazes de atingir a superfície da Terra produziriam mutações fatais no *DNA* (ácido desoxirribonucleico) de todas as criaturas vivas, causando sérios problemas em nosso planeta. Felizmente o planeta consegue se defender.

O nosso planeta é rodeado por um campo de força invisível chamado *Magnetosfera,* com imagens de cinco satélites sincronizados magneticamente, essa rede tecnológica denominada *Themis.* Uma missão espacial que originalmente seria uma constelação de cinco satélites identificados como: **THEMIS A, THEMIS B, THEMIS C, THEMIS D** e **THEMIS E**, estudariam o lançamento de energia da magnetosfera terrestre conhecidas como sub-tempestades, fenômenos celestes que intensificam a ocorrência de auroras nas proximidades dos polos norte e sul.

Atualmente, três dos satélites permanecem na órbita da **Terra**, dois deles foram desviados para as proximidades da órbita da **Lunar**. Lançados em 17 de fevereiro de 2007 da base de lançamento aeroespacial no Cabo Canaveral, Estados Unidos, a bordo de um foguete Delta II. Cada satélite transporta instrumentos idênticos, incluindo um magnetômetro fluxgate (FGM), um analisador eletrostático (ESA), um telescópio de estado sólido (SST), um magnetômetro busca-coil (SCM) e um instrumento de campo elétrico (EFI). Cada um tem uma massa de 126 kg, incluindo 49 kg de combustível.

Eles nos revelaram nosso campo de força constantemente bombardeado pelo sol, o formato do campo é moldado apenas pelos fortes ataques da radiação, uma lagrima nebular de 320 quilómetros de diâmetro, onda após onda, as partículas solares atingem a magnetosfera, sua maior parte é desviada, porém quando o campo é atingido por uma ejeção de massa coronal, as partículas carregadas conseguem romper sua camada mais externa, em sequência, uma vez que atravessam o escudo, essas se encontram livres para seu avanço em direção do planeta. O campo magnético guia as partículas em direção aos polos, dando origem a um dos espetáculos mais impressionantes da natureza, as luzes do norte e as luzes do sul ou mais popularmente conhecidas, como Auroras Boreais e Auroras Austrais. Na imagem abaixo é possível analisar a segunda camada de defesa da Terra.

Gigantescas faixas de plasma formam uma corrente para baixo, circundando os polos do planeta, a medida que atingem velozmente a camada superior da atmosfera, elas agitam as moléculas de ar fazendo que estas comecem a brilhar, o oxigênio irradia as cores vermelhas e verdes e o nitrogênio irradia a cor azul. Uma energia capaz de modificar toda a vida na Terra é dissipada pela camada superior da atmosfera, desta forma, o planeta tem sido capaz de se proteger durante milhões de anos contra a radiação mortal oriunda do sol. Mas mesmo com este extraordinário aparato, é somente uma parte de como a atmosfera é capaz de proteger a vida na Terra.

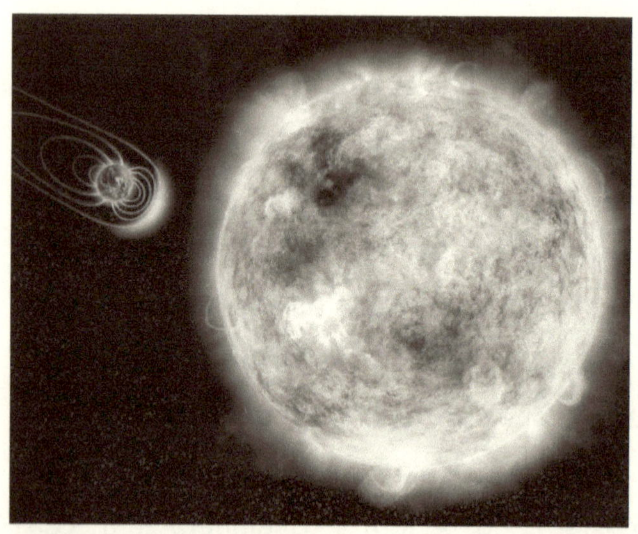

Imagens da Magnetosfera da Terra

Sistemas ainda mais poderosos existem muito abaixo, sem os quais a vida seria impossível.

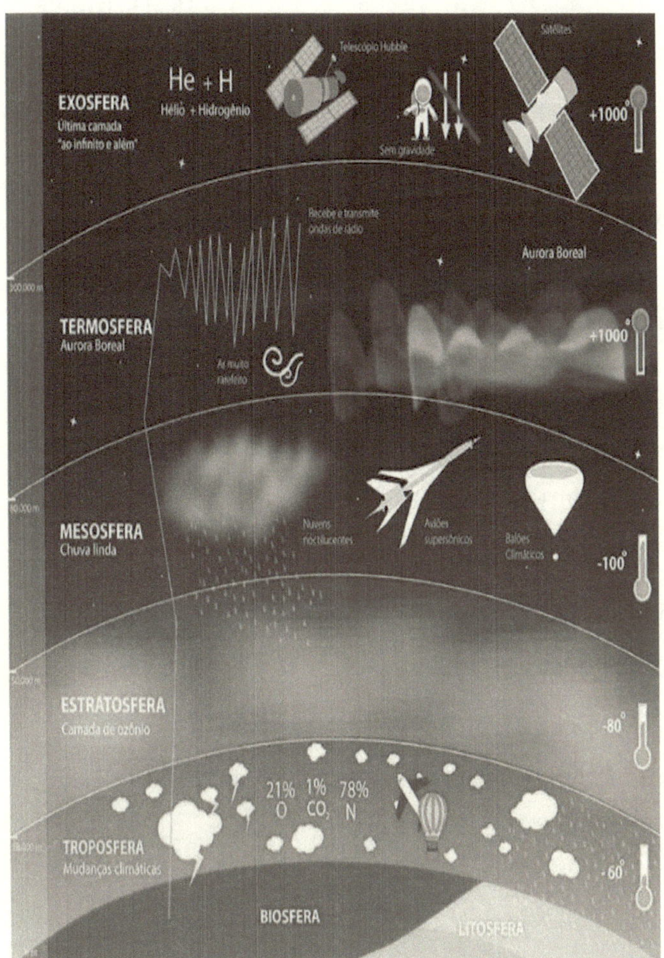

Capitulo 7- A Atmosfera Terrestre

A atmosfera da Terra é um recurso muito delicado, uma fina casca azul capaz de encapsular todo o nosso mundo. Este fino revestimento de oxigênio e nitrogênio, é submetido a intensos bombardeios de luz solar e calor, forças que em casos de descontrole, são capazes de destruir toda a atmosfera.

Durante o período noturno, estes satélites investigam o murmurar da Terra por meio dos relâmpagos. Com o apoio dos astronautas da Estação Espacial Internacional (*ISS*), fornecem dados impressionantes, uma intensidade frequente de tempestades elétricas. Porque será que o planeta precisa e produz esses fenômenos?

Com a utilização da mais alta tecnologia, esta resposta fica clara; a atmosfera da Terra está em busca de equilíbrio. A cada dia, força combinada de vapor e luz solar criam quarenta mil nuvens, carregadas de uma imensa quantidade de energia elétrica. A cada trinta minutos, uma nuvem de tamanho médio é capaz de gerar 100 (*MW*) megawatts, energia suficiente para abastecer a cidade de Campinas por 1 minuto. Para se equilibrar, a nuvem descarrega energia negativa para o chão em forma de relâmpagos, simultaneamente, libera uma carga positiva para o alto em direção ao céu, de cada nuvem, emerge uma imensa coluna de cargas, esta força invisível se movimenta a quase a velocidade da luz em direção a camada externa da atmosfera, a Ionosfera.

Esta camada é formada por um fino véu formado basicamente de (*H*) hidrogênio e (*He*) Hélio, com os dados fornecidos por satélites é possível ver a interação das cargas elétricas com este campo extremamente rarefeito. A Ionosfera atua como um condutor elétrico, distribuindo a carga por todo o planeta.

Agora sabemos que a vida seria impossível sem este circuito elétrico global.

Tudo isso se deve a uma extraordinária reação química que ocorre dentro das nuvens carregadas no surgimento dos relâmpagos. A carga elétrica no interior da nuvem vai crescendo se tornando extremamente forte que o ar é decomposto em Íons, consequentemente um pequenino caminho é formado por onde passa uma corrente elétrica. Dentro de milésimos de segundos, um raio é disparado, sua espessura é similar a de um polegar humano, porém, sua temperatura, é cinco vezes maior do que a superfície do sol. À medida que cruza o ar, este raio de energia escaldante vai destruindo as moléculas de (N) nitrogênio, o (O) oxigênio se liga ao (N) nitrogênio originando uma substância chamada (NO_3) Nitrato.

Diariamente cerca de quatorze mil toneladas de (NO_3) nitrato são transportadas pelo mundo, com as chuvas esta substância se espalha pelo chão sendo um elemento essencial para quase todas as formas de vida na Terra, da fotossíntese das plantas, até a respiração dos organismos mais complexos.

O (NO_3) nitrato tem impulsionado as mais importantes reações químicas para os seres vivos á milhões de anos. Com dados chegando diariamente, podemos concluir um intrincado mecanismo que configura e reconfigura a vida a cada instante e impulsionando as batidas cardíacas de cada ser humano ao redor do planeta. Mais ainda falta uma parte deste complexo sistema, que é a profunda e inegável consequência de uma única espécie animal, a raça humana.

Capitulo 8- Os Seres Humanos

A partir de todas estas tecnologias, nos foi revelado um sistema oculto e complexo que se entrelaça em todos os níveis, processos extremamente lentos conectam-se a outros que ocorrem dentro de milésimos de segundos, ciclos intermináveis de mortes, decomposição, regeneração e renascimento preenchem o mundo.

Do poder implacável da energia solar e da água, das forças eletromagnéticas que operam ao nosso redor, cada interação nos revela uma harmonia e um equilíbrio preciso. A humanidade é o mais recente fenômeno natural, somos consequência direta de um sistema que foi capaz de criar e manter a vida por 3.5 bilhões de anos. Nós desenvolvemos inteligência e este fato, nos permitiu trazer contribuições aos mais antigos processos existentes na Terra, a humanidade transformou o planeta ao explorar o mesmo sistema complexo que a originou.

Nossa capacidade de controle dos ecossistemas, permitiu que nossas civilizações crescessem rapidamente e que nos tornássemos a espécie dominante. Hoje é possível ver a influência da humanidade, não apenas e, 82% dos territórios terrestres, mas também ao redor do espaço, com viagens a lua e com a Estação Espacial Internacional (*ISS*), agora finalmente começamos entender como nosso mundo funciona que que lugar ocupamos dentro dele.

Este é o momento crucial na história da Terra, ao observar o planeta através da mais alta tecnologia, é possível enxergarmos que nos tornamos uma força global, nós já fabricamos mais (NO_3) nitrato do que os relâmpagos, lançamos mais enxofre no ar do que todos os vulcões do mundo, emitimos mais dióxido de carbono do que toda a Amazônia, nossas cidades produzem poeira, alavancam tempestades elétricas e afetamos os sistemas de chuvas.

Nós temos o poder de impactar em grandes partes dos ciclos da Terra, através de analises, a influência da humanidade pode ser considerada um processo natural.

Os gases liberados por aviões, carros, usinas de energia e etc... são efeitos causados por um animal que a própria Terra produziu.

Contudo, há uma diferença fundamental, ao contrario do vulcanismo, dos movimentos das correntes oceânicas ou do oxigênio liberado pelas florestas ou pelos plânctons, nós possuímos o dom do livre arbítrio, as tecnologias além de nos permitir os impactos que causamos no mundo, nos ajudam a tomar decisões conscientes à cerca dos consumos contínuos dos recursos do nosso planeta. Nosso novos olhos tecnológicos, estão nos ensinando a manter o equilíbrio capaz de sustentar o mundo natural.

Referências Bibliográficas

Agência Espacial Brasileira autarquia do Ministério da Ciência, Tecnologia e Inovação

Antarctic Glaciology Program» (em inglês). The National Science Foundation. Consultado em 19 de agosto de 2009. Cópia arquivada em 25 de outubro de 2019

ESA Agência Espacial Europeia

ESA Portal - Satellites witness lowest Arctic ice coverage in history» (em inglês). European Space Agency. 14 de setembro de 2007. Consultado em 26 de julho de 2019

Evidence of Ancient Martian Life in Meteorite ALH84001?» (em inglês). National Aeronautics and Space Administration. Consultado em 26 de agosto de 2009. Arquivado do original em 25 de Agosto de 2019

Glomsrød, Solveig et alii. "Arctic economies within the Arctic nations". In: Glomsrød, Solveig; Duhaime, Gérard; Aslaksen, Iulie (eds.). *The Economy of the North*. Statistics Norway, 2015, pp. 37-78

JAXA - Japan Aerospace eXploration Agency

NASA National Aeronautics and Space Administration

Neil Glasser of Aberystwyth University. «Antarctic Ice Shelf Collapse Blamed On More Than Climate Change». Consultado em 20 de agosto de 2019. Cópia arquivada em 25 de dezembro de 2015

NOAA National Oceanic and Atmospheric Administration

Satellites see Unprecedented Greenland Ice Sheet Melt - NASA Jet Propulsion Laboratory» (em inglês). NASA. 24 de julho de 2012. Consultado em 26 de julho de 2019

Science in Antarctic» (em inglês). Antarctic Connection. Consultado em 4 de Fevereiro de 2020. Arquivado do original em 7 de Fevereiro de 2006

The Antarctic Ozone hole, NASA Advanced Supercomputing Division (NAS)». Nas.nasa.gov. 26 de junho de 2001. Consultado em 7 de fevereiro de 2020. Cópia arquivada em 3 de abril de 2009

http://www-loa.univ-lille1.fr/

https://aqua.nasa.gov/

https://aura.gsfc.nasa.gov/index.html

https://cloudsat.atmos.colostate.edu/

https://terra.nasa.gov/

https://www.nasa.gov/mission_pages/sdo/main/index.html

https://www-calipso.larc.nasa.gov/